CCNA Command Guide:

The Complete CCNA Routing & Switching Command Guide for Passing the CCNA Exam

Introduction

First of all I want to congratulate you and thank you for making the decision to invest in yourself and to become better in your field.

After you'll finish this eBook you'll be able to understand:
- How to manage and configure Cisco devices (Routers, Switches)
- How to troubleshoot with key commands
- The (hands-on) topics in order to pass you CCNA
- How can you apply this knowledge in practical scenarios

This book is structured into **4 large chapters** (covering the topics from CCNA – Cisco Certified Networking Associate) which contain all of the Cisco commands that you will need in order to learn how to operate Cisco devices and/or pass the CCNA exam.

I wish you good luck, and if you have any questions, do not hesitate to contact by email, Facebook or YouTube.

Table of Content

Cheat Sheet - CCNA Module 1

For the following section, we'll use the network topology bellow:

Basic Cisco Router & Switch commands

##— initial Router CLI prompt (user exec) > —##
Router>

switching to priviledge mode (#)
Router>**enable**

//switching to global configuration mode
Router#
Router#**configure terminal**
Router(config)#

changes the hostname of the Router
Router(config)#**hostname** R1
R1(config)#

//entering the Gig0/0 interface
R1(config)#**interface** GigabitEthernet0/0

//setting the IP address on the interface
R1(config-if)#**ip address** 192.168.1.1 255.255.255.0

//turning the interface on
R1(config-if)#**no shutdown**

Example:

Router>**enable**
Router#**configure terminal**
Router(config)#**hostname** R2
R2(config)#**interface** GigabitEthernet0/0
R2(config-if)#**ip address** 192.168.1.1 255.255.255.0
R2(config-if)#**no shutdown**
R2(config-if)#**exit**

R2(config)#**interface** GigabitEthernet0/1
R2(config-if)#**ip address** 77.22.1.1
R2(config-if)#**no shutdown**

Other useful commands:

//setting the enable password in clear text
R1(config)#**enable password** ENTER_PASSWORD1

//setting the enable password, encrypted
R1(config)#**enable secret** ENTER_PASSWORD2

//setting a banner to inhibit unauthorised access
R1(config)#**banner motd** "UNAUTHORISED ACCESS DENIED"

//encrypts clear text passwords from running config
R1(config)#**service password-encryption**

//sets a domain name
R1(config)#**ip domain-name** domain-name.com

//starts the name resolution process
R1(config)#**ip domain-lookup**

Example Config:

R2(config)#**enable password** c1$c0
R2(config)#**enable secret** c1$c0
R2(config)#**banner motd** "UNAUTHORISED ACCESS DENIED"
R2(config)#**service password-encryption**
R2(config)#**ip domain-lookup**

Telnet Config

//enabling 5 virtual lines (connections) on the Router
R1(config)#**line vty** 0 4

//sets Telnet password
R1(config-line)#**password** cisco

//enables the Telnet process
R1(config-line)#**login**

SSH Config

//creates a new user
R1(config)#**username** user **password** password

//sets the domain name
R1(config)#**ip domain-name** my.place.local

//generates a key pair for encryption
R1(config)#**crypto key generate rsa modulus** 1024

R1(config)#**ip ssh version** 2

//enabling 5 virtual lines on the Router
R1(config)#**line vty** 0 4

//enables the authentication with user & password
R1(config-line)#**login local**
//enables only the SSH process
R1(config-line)#**transport input ssh**

Console Line Configuration

R1(config)#**line console** 0
//sets a new console password
R1(config-line)#**password** PASSWORD

//enables the authentication process on console
R1(config-line)#**login**

//adds new line after log messages
R1(config-line)#**logging synchronous**

//session expires after 5 minutes of inactivity
R1(config-line)#**exec-timeout** 5

Telnet Config

R1(config)#**line vty** 0 4
R1(config-line)#**password** c1$c0
R1(config-line)#**login**

SSH Config

R1(config)#**username** user **password** password
R1(config)#**ip domain-name** my.place.local
R1(config)#**crypto key generate rsa modulus** 1024
R1(config)#**ip ssh version** 2
R1(config)#**line vty** 0 4
R1(config-line)#**login local**

Console Config

R1(config)#**line console** 0
R1(config-line)#**password** PASSWORD
R1(config-line)#**login**

Verifying

R1#**show running-config**
R1#**show ip interface [brief]**
R1#**show interfaces**
R1#**show ip route**
R1#**show users**

Cheat Sheet - CCNA Module 2

1) SWITCHING

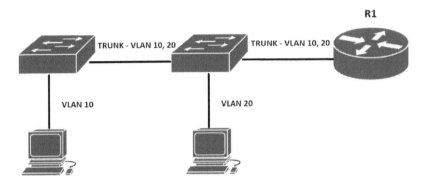

VLAN Configuration

//creates a VLAN with the ID 10 and names sets a name to it
SW1(config)#**vlan** 10
SW1(config-vlan)# **name** HR
SW1(config)#**vlan** 20
SW1(config-vlan)# **name** IT

Verifying
SW1#**show vlan [brief]**

Configuring Trunk & Access Interfaces

//adding the interface in VLAN 10 and setting it as access
SW1(config)#**interface** GigabitEthernet0/1
SW1(config-if)#**switchport mode access**
SW1(config-if)#**switchport access vlan** 10

//adding the interface as Trunk and adding VLAN 10 and 20 to it
SW1(config)#**interface** GigabitEthernet0/24
SW1(config-if)#**switchport trunk encapsulation dot1q**
SW1(config-if)#**switchport mode trunk**
SW1(config-if)#**switchport trunk allowed vlan** 10,20

Verifying

SW1#show interfaces trunk
SW1#show run interface fa0/24
SW1#show interface fa0/24 switchport

Port Security Configuration
SW1(config)#**interface** Gi0/1

//enabling port-security at the interface level
SW1(config-if)#**switchport port-security**

//setting the violation mode (what will happen to the port)
SW1(config-if)#**switchport port-security violation [shutdown | restrict | protect]**

//setting how the MAC address learning will occur (static or dynamic / sticky)
SW1(config-if)#**switchport port-security mac-address [sticky | static]**

//setting the maximum number of MAC address that can be learned on the port
SW1(config-if)#**switchport port-security maximum** MAX_NR

Example:

SW1(config)#**interface** Gi0/24
SW1(config-if)#**switchport port-security**
SW1(config-if)#**switchport port-security violation shutdown**
SW1(config-if)#**switchport port-security mac-address sticky**
SW1(config-if)#**switchport port-security maximum 3**

SW1#show vlan [brief]
SW1#show interfaces Gi0/1 switchport
SW1#show interfaces trunk
SW1#show run interface fa0/1
SW1#show port-security

Configuring Router-on-a-Stick (RoaS)

//For VLANs 10,20 and 599 (Native)

//starting the main interface
R1(config)#**interface** Gig0/0

R1(config-if)#**no shutdown**
//creating a subinterface
R1(config)#**interface** Gig0/0**.10**

//setting the encapsulation as 802.1Q in VLAN 10
R1(config-if)#**encapsulation dot1q** 10
R1(config-if)#**ip address** 10.5.10.1 255.255.255.0

R1(config)#**interface** Gig0/0**.20**
R1(config-if)#**encapsulation dot1q** 20
R1(config-if)#**ip address** 10.5.20.1 255.255.255.0

R1(config)#**interface** Gig0/0**.599**

//setting the encapsulation as 802.1Q in VLAN 599 as native
R1(config-if)#**encapsulation dot1q** 599 **native**
R1(config-if)#**ip address** 10.5.99.1 255.255.255.0

Example:

R2(config)#**interface** Gig0/2
R2(config-if)#**no shutdown**
R2(config)#**interface** Gig0/2**.44**
R2(config-if)#**encapsulation dot1q 44**
R2(config-if)#**ip address** 192.168.10.1 255.255.255.0

R2(config)#**interface** Gig0/2.**20**
R2(config-if)#**encapsulation dot1q** 20
R2(config-if)#**ip address** 192.168.7.1 255.255.255.0

R2(config)#**interface** Gig0/2.**219**
R2(config-if)#**encapsulation dot1q** 219 **native**
R2(config-if)#**ip address** 172.16.99.1 255.255.255.0

Verifying

R1#show ip route
R1#show ip interface brief

2) ROUTING

a) IPv4

Configuring Static Routes

//static route configuration (destination / mask and next hop Router)
R1(config)#**ip route** *destination_network mask next_hop_IP*

R1(config)#**ip route** 192.168.10.0 255.255.255.0 77.22.1.2

//static default route (to the Internet)
R1(config)#**ip route 0.0.0.0 0.0.0.0** 77.22.1.2

Configuring RIPv2

//creates the RIP process
R1(config)#**router rip**
//sets the version of RIP
R1(config-rtr)#**version 2**
//turns off the automatic summarization of RIP routes
R1(config-rtr)#**no auto-summary**
//adds a network (directly connected) in the RIP process
R1(config-rtr)#**network** 10.0.0.0
//sends the default route information to the other Routers in the network
R1(config-rtr)#**default-information originate**

Example:

R2(config)#**router rip**
R2(config-rtr)#**version 2**
R2(config-rtr)#**no auto-summary**
R2(config-rtr)#**network** 192.168.10.0
R2(config-rtr)#**network** 77.22.1.0
R2(config-rtr)#**default-information originate**

R2(config)#**ip route 0.0.0.0 0.0.0.0** 77.22.1.2

Verifying

R1#show ip route
R1#show ip protocols
R1#show run | section [rip | route]

b) IPv6

//starting the IPv6 process on the Router

R1#ipv6 unicast-routing

Setting an IPv6 Address

R1(config)#**interface** Gig0/1
R1(config-if)#**ipv6 address** 2002:ABCD:1254::1/64

Configuring Static Routes

//static route configuration for IPv6 (destination / mask and next hop Router)
R1(config)#**ipv6 route** destination_network/mask next_hop_IP

R1(config)#**ipv6 route** 2002:ABCD:1234::/64 2002:AAAA::1
R1(config)#**ip route ::/0** 2002:AAAA::1

Configuring RIPng (RIP next generation)

//creating a new RIPng process
R1(config)#**ipv6 router rip** NAME
R1(config-rtr)#**exit**

//enabling RIPng at an interface level
R1(config)#interface Gig0/0
R1(config-if)#**ipv6 rip** NAME **enable**

Example: (starting RIPng on both interfaces of R2)

R2(config)#**ipv6 router rip** RIP_PROC
R2(config-rtr)#interface Gig0/0
R2(config-if)#**ipv6 rip** RIP_PROC **enable**
R2(config-rtr)#interface Gig0/1
R2(config-if)#**ipv6 rip** RIP_PROC **enable**

Verifying

R1#show ipv6 route
R1#show ipv6 interface brief
R1#show ipv6 protocols
R1#show run | section route

3) Network Services (DHCP, ACL, NAT)

I. Configuring DHCP on Routers

//excluding IP addresses from the main pool
R1(config)#**ip dhcp excluded-address** 10.0.0.1 10.0.0.10

//creating a DHCP pool with the necessary settings (Network, Mask, Default Gateway, DNS)
R1(config)#**ip dhcp pool** NAME
R1(dhcp-config)#**network** Network_Address Mask
R1(dhcp-config)#**default-router** 10.0.0.1
R1(dhcp-config)#**dns-server** A.B.C.D

R1(config)#**ip dhcp excluded-address** 10.0.0.1 10.0.0.10

R1(config)#**ip dhcp pool** NAME
R1(dhcp-config)#**network** 10.0.0.0 255.255.255.0
R1(dhcp-config)#**default-router** 10.0.0.1
R1(dhcp-config)#**dns-server** 8.8.8.8

Verifying

R1#show ip dhcp binding
R1#show run I section dhcp

II. Configuring ACL (Access-Control List)

a) Standard ACL

Creating an ACL:

R1(config)#**ip access-list standard** *ACL_NAME*
R1(config-std-nacl)#**[permit | deny]** *IP_Source Wildcard_mask*

//denies the traffic from the 10.0.0.0/24 network
R1(config-std-nacl)#**deny** 10.0.0.0 **0.0.0.255**

//permits the rest traffic to pass on
R1(config-std-nacl)#**permit any**

Applying the ACL on the interface:

//setting the direction of traffic filtering for the ACL
R1(config)#**interface** Gig0/0
R1(config-if)#**ip access-group** *ACL_NAME* **[in | out]**

Example:

R1(config)#**ip access-list standard** *BLOCK_LAN*
R1(config-std-nacl)#**deny** 10.0.0.0 **0.0.0.255**
R1(config-std-nacl)#**permit any**

R1(config)#**interface** Gig0/0
R1(config-if)#**ip access-group** *BLOCK_LAN* **in**

b) Extended ACL

Creating an ACL:

R1(config)#**ip access-list extended** *ACL_NAME*
R1(config-ext-nacl)#**[permit | deny] [IP | TCP | UDP]** *IP_Src* Wildcard Port_Src *IP_Dst* Wildcard Port_Dst

Example:

R1(config)#**ip access-list extended** *BLOCK_EXT_WEB*
//stops traffic from the source 10.0.0.0/24
R1(config-ext-nacl)#**deny ip** 10.0.0.0 0.0.0.255 **any**

//stops HTTP & HTTPS traffic from host 10.0.0.10 to network 192.168.2.0/24
R1(config-ext-nacl)#**deny tcp host** 10.0.0.10 192.168.2.0 0.0.0.255 **eq 80**
R1(config-ext-nacl)#**deny tcp host** 10.0.0.10 192.168.2.0 0.0.0.255 **eq 443**
R1(config-ext-nacl)#**permit ip any any**

R1(config)#**interface** Gig0/1
R1(config-if)#**ip access-group** *BLOCK_EXT_WEB* **out**

Verifying

R1#show ip access-list

III. Configuring NAT

Static NAT:

R1(config)#**ip nat inside source static** *Private_IP Public_IP*

Example:
R1(config)#**ip nat inside source static** 192.168.10.10 77.22.34.159

Dynamic NAT:

R1(config)#**ip access-list standard** ACL_NAT_NETWORK
R1(config-std-nacl)#**permit** *network Wildcard*

R1(config)#**ip nat pool** ADD_FOR_NAT *Start_IP End_IP*
R1(config)#**ip nat inside source list** ACL_NAT_NETWORK **pool** ADD_FOR_NAT

Example:

R1(config)#**ip access-list standard** ACL_NAT_NETWORK
R1(config-std-nacl)#**permit** 10.0.0.0 0.0.0.255
　R1(config)#**ip nat pool** ADD_FOR_NAT 77.22.34.148 77.22.34.159
R1(config)#**ip nat inside source list** ACL_NAT_NETWORK **pool** ADD_FOR_NAT

NAT Overload (PAT):

//configuring PAT with the keyword overload
R1(config)#**ip nat inside source list** ACL_NAT_NETWORK **interface** Gig0/0 **overload**

Example:

R1(config)#**ip access-list standard** ACL_NAT_NETWORK
R1(config-std-nacl)#**permit** 10.0.0.0 0.0.0.255
R1(config)#**ip nat inside source list** ACL_NAT_NETWORK **interface** Gig0/0 **overload**

Applying NAT on the interface:

//applying NAT on the interface
R1(config)#**interface** Gig0/1

//we'll use **outside** (usually) for the Internet (ISP) connection, **inside** for our LANs
R1(config-if)#**ip nat** [**inside** | **outside**]

Verifying

R1#show ip nat translation
R1#show run | section nat

Cheat Sheet - CCNA Module 3

1) SWITCHING

For this Switching module, we'll use the following topology:

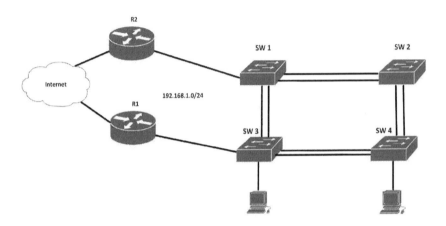

Configuring VTP (VLAN Trunking Protocol)

//creating a new VTP domain
SW1(config)#**vtp domain** DOMAIN_NAME

//setting the Switch in one of the following modes
SW1(config)#**vtp mode [client | server | transparent]**

//securing the VTP domain with a password
SW1(config)#**vtp password** cisco
Example:

SW1(config)#**vtp domain** CISCO_SWITCH
SW1(config)#**vtp mode server**
SW1(config)#**vtp password** cisco123

SW2(config)#**vtp domain** CISCO_SWITCH
SW2(config)#**vtp mode client**
SW2(config)#**vtp password** cisco123

SW1#**show vtp [status | password]**

Configuring STP (Spanning-Tree Protocol)

//setting the version of STP to PVST / RPVST+
SW1(config)#**spanning-tree mode [pvst | rapid-pvst]**

//setting the priority for VLANs 10, 20, 30
SW1(config)#**spanning-tree vlan 10,20,30 [root | priority]**

//after putting the interface in access mode, we can make the interface PortFast
SW1(config-if)#**spanning-tree portfast**

//or we can change the priority of it
SW1(config-if)#**spanning-tree vlan 10 port-priority 112**

Example:

SW1(config)#**spanning-tree mode rapid-pvst**
SW1(config)#**spanning-tree vlan 10,20,30 priority 4096**

SW1(config)#**interface Gi0/1**
SW1(config-if)#**switchport mode access**
SW1(config-if)#**switchport access vlan** 10
SW1(config-if)#**spanning-tree portfast**
SW1(config-if)#**spanning-tree vlan 10 port-priority 112**

Verifying:

SW1#**show spanning-tree [vlan]**
R1#**show run | include spanning-tree**

21

Configuring EtherChannel

NOTE: When configuring EtherChannel on 2 or more interfaces, all of the interfaces MUST have the same configuration (if 1 interface is Trunk allowing VLANs 10,20 then all of the interfaces must be configured in the same way)

//way of configuring Etherchannel with LACP (industry standard)
SW1(config-if)#**channel-group 1 mode [active | passive]**

//way of configuring Etherchannel with PAgP (Cisco proprietary)
SW1(config-if)#**channel-group 1 mode [desirable | auto]**

//manually starts EtherChannel (no logs in case of error)
SW1(config-if)#**channel-group 1 mode on**

Example: (Trunk interface + LACP)

SW1(config)#**interface range** Gi0/1 - 2
SW1(config-if)#**switchport trunk encapsulation dot1q**
SW1(config-if)#**switchport mode trunk**
SW1(config-if)#**switchport trunk allowed vlan** 10,20,30
SW1(config-if)#**channel-group 1 mode active**

Verifying:

SW1#**show etherchannel [summary]**
SW1#**show run | include channel-group**

Configuring HSRP (Hot Standby Router Protocol)

On the 2 Routers (R1 & R2) from the last topology, we're going to configure HSRP (a protocol which assures redundancy between 2, Layer 3 devices, in a Network).

R1(config)#**interface** Gi0/1
R1(config-if)#**standby** <0-255> **ip** Group_IP_Address
R1(config-if)#**standby** <0-255> **preempt**
R1(config-if)#**standby** <0-255> **priority** 0-255
R1(config-if)#**standby** <0-255> **track Gi0/1** *Priority_Decrement_Number*

Example:

//creating a new Virtual IP address for the HSRP group
R1(config)#**interface** Gi0/1
R1(config-if)#**ip address** 192.168.1.1
R1(config-if)#**standby** 1 **ip** 192.168.1.5

//enabling preemption for Router substitution
R1(config-if)#**standby** 1 **preempt**

//configuring the Router's priority
R1(config-if)#**standby** 1 **priority** 120

//if the interface Gi0/1 goes down, the Router's priority will drop by 40 (thus making him Standby)
R1(config-if)#**standby** 1 **track Gi0/1** 40
R2(config)#**interface** Gi0/1
R2(config-if)#**ip address** 192.168.1.2
R2(config-if)#**standby** 1 **ip** 192.168.1.5
R2(config-if)#**standby** 1 **preempt**
R2(config-if)#**standby** 1 **track Gi0/1** 40

Verifying:

R1#**show standby [brief]**
R1#**show run | section standby**

2) ROUTING

For this Routing module we'll use the following topology:

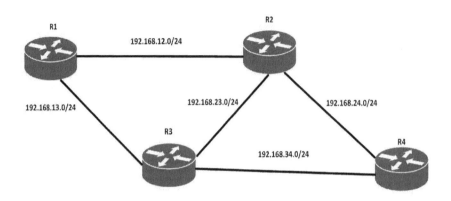

I. IPv4

OSPF Configuration

Method 1 (setting OSPF from the #router command)

R1(config)#**router ospf Process_ID**
R1(router-config)#**network** Network_IP Wildcard_Mask **area** Area_Number (0 - 65535)

Example:

//starts the OSPF process
R1(config)#**router ospf** 1

//sets the Router ID for OSPF
R1(router-config)#**router-id 1.1.1.1**

//adds the network in the OSPF process for area 0
R1(router-config)#**network** 192.168.12.0 0.0.0.255 **area**

R2(config)#**router ospf 1**
R2(router-config)#**router-id 2.2.2.2**
R2(router-config)#**network** 192.168.12.0 0.0.0.255 **area 0**
R2(router-config)#**network** 192.168.23.0 0.0.0.255 **area 0**
R2(router-config)#**network** 192.168.24.0 0.0.0.255 **area 0**

Method 2 (setting OSPF on the interface)

R1(config)#**router ospf** *Process_ID_Number*

//starts the OSPF process in area 0 on the interface (network)
R1(config)#**interface** Gi0/0
R1(config-if)#**ip ospf 1 area** <0 - 65535>

//sets OSPF interface type
R1(config-if)#**ip ospf network [point-to-point | broadcast]**

Example:

R1(config)#**router ospf 1**
R1(router-config)#**interface** Gi0/0
R1(config-if)#**ip ospf 1 area** 0
R1(config-if)#**interface** Gi0/1
R1(config-if)#**ip ospf 1 area** 0

R2(config)#**router ospf 1**
R2(router-config)#**interface** Gi0/0
R2(config-if)#**ip ospf 1 area** 0
R2(config-if)#**interface** Gi0/1
R2(config-if)#**ip ospf 1 area** 0

OSPF Area Types

R1(config)#**ip router ospf** 1

//sets the OSPF area type to STUB
R1(config-rtr)#**area 1 stub**

//sets the OSPF area type to Totally STUB
R1(config-rtr)#**area 1 stub no-summary**

//sets the OSPF area type to NSSA
R1(config-rtr)#**area 1 nssa [no-summary]**

Verifying:

R1#**show ip route**
R1#**show ip ospf neighbor**
R1#**show ip protocols**
R1#**show ip ospf interface Gi0/0**
R1#**show run | section ospf**

Configuring EIGRP (Enhanced Interior Gateway Protocol)

//creates the EIGRP process with the AS_NUMBER
R1(config)#**router eigrp** AS_NUMBER

//adds a network to the EIGRP process
R1(router-config)#**network** IP_Retea Wildcard_Mask

//disables auto-summarization of EIGRP (not requireda anymore after version 15.x+)
R1(router-config)#**no auto-summary**

Example:

R1(config)#**router eigrp** 123
R1(router-config)#**network** 192.168.12.0 0.0.0.255
R1(router-config)#**network** 192.168.13.0 0.0.0.255
R1(router-config)#**no auto-summary**

NOTE: The AS number, **MUST** be the same on all of the Routers using the EIGRP protocol in your network

Verifying:

R1#**show ip route**
R1#**show ip eigrp neighbor**
R1#**show ip protocols**
R1#**show ip eigrp topology**
R1#**show run | section eigrp**

II. IPv6

NOTE: On every Router the following command must be set:

R1(config)#**ipv6 unicast-routing**

Configuring OSPFv3

//starts the OSPFv3 process
R1(config)#**ipv6 router ospf** 1
R1(config-rtr)#**exit**

//starts the OSPFv3 process on an interface level
R1(config)#**interface Gig0/1**
R1(config-if)#**ipv6 ospf** 1 **area 0**

//sets the interface type in OSPFv3
R1(config-if)#**ipv6 ospf network [point-to-point | broadcast]**

Example:

R1(config)#**ipv6 unicast-routing**
R1(config)#**ipv6 router ospf 1**
R1(router-config)#**interface** Gi0/0
R1(config-if)#**ipv6 ospf** 1 **area 0**
R1(config-if)#**interface** Gi0/1
R1(config-if)#**ipv6 ospf** 1 **area 0**

OSPF Area Types

R1(config)#**ipv6 router ospf** 1

//sets the OSPF area type to STUB
R1(config-rtr)#**area 1 stub**

//sets the OSPF area type to STUB
R1(config-rtr)#**area 1 stub no-summary**

//sets the OSPF area type to STUB
R1(config-rtr)#**area 1 nssa [no-summary]**

Verifying:

R1#**show ipv6 route**
R1#**show ipv6 ospf neighbor**
R1#**show ipv6 protocols**
R1#**show ipv6 ospf database**
R1#**show run | section ospf**

Configuring EIGRPv6

//starts the IPv6 routing process
R1(config)#**ipv6 unicast-routing**

//starts the EIGRPv6 process
R1(config)#**ipv6 router eigrp** *AS_Number*
R1(router-config)#**no shutdown**

//adds the interface (network) to the EIGRPv6 process with AS Number
R1(config)#**interface Gig0/0**
R1(config-if)#**ipv6 eigrp** *AS_Number*

Example:

R1(config)#**ipv6 unicast-routing**
R1(config)#**ipv6 router eigrp** 123
R1(router-config)#**no shutdown**

R1(config)#**interface Gig0/0**
R1(config-if)#**ipv6 eigrp** 123

R1(config)#**interface Gig0/1**
R1(config-if)#**ipv6 eigrp** 123

Verifying:

R1#**show ipv6 route**
R1#**show ipv6 eigrp neighbor**
R1#**show ipv6 protocols**
R1#**show ipv6 eigrp topology**
R1#**show run | section eigrp**

30

Cheat Sheet - CCNA Module 4

Configuring PPP

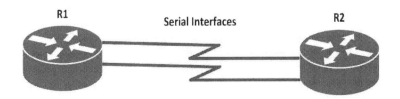

//setting the encapsulation to PPP on the interface

R1(config)#**interface Serial0/0/1**

R1(config-if)#**encapsulation ppp**

PPP Authentication via PAP

R1's Config:

//creating a new username and password

R1(config)#**username** R1 **password** cisco

R1(config)#**interface Serial0/0/1**

//enabling PAP authentication

R1(config-if)#**ppp authentication pap**

//setting the username and password to be used with PAP

R1(config-if)#**ppp pap sent-username R2 password** cisco

Example - R2's Config:

R2(config)#**username** R2 **password** cisco

R2(config)#**interface Serial0/0/0**
R2(config-if)#**encapsulation ppp**
R2(config-if)#**ppp authentication pap**
R2(config-if)#**ppp pap sent-username R1 password** cisco

PPP Authentication via CHAP

//creating a new username and password
R1(config)#**username** R1 **password** cisco

R1(config)#**interface Serial0/0/1**

//enabling CHAP authentication
R1(config-if)# **ppp authentication chap**

Example - R2's Config:

R2(config)#**username** R2 **password** cisco

R2(config)#**interface Serial0/0/0**
R2(config-if)#**encapsulation ppp**
R2(config-if)#**ppp authentication chap**

Configuring PPP Multilink

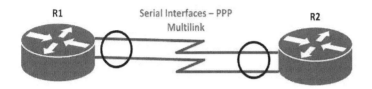

R1   Serial Interfaces – PPP   R2
                           Multilink

//we're going to delete the ip address from the main interface and set the encapsulation to PPP

R1(config)#**interface Serial0/0/0**

R1(config-if)#**no ip address**

R1(config-if)#**encapsulation ppp**

//bundling the interface into a Multilink group

R1(config-if)#**ppp multilink**

R1(config-if)#**ppp multilink group 1**

R1(config)#**interface Serial0/0/1**

R1(config-if)#**no ip address**

R1(config-if)#**encapsulation ppp**

//bundling the other interface into a Multilink group

R1(config-if)#**ppp multilink**

R1(config-if)#**ppp multilink group 1**

R1(config)#**interface Multilink 1**

R1(config-if)#**ip address 192.168.1.1 255.255.255.0**

Example - R2's Config:

R2(config)#**interface Serial0/0/0**

R2(config-if)#**no ip address**

R2(config-if)#**encapsulation ppp**

R2(config-if)#**ppp multilink**

R2(config-if)#**ppp multilink group 1**

R2(config)#**interface Serial0/0/1**
R2(config-if)#**no ip address**
R2(config-if)#**encapsulation ppp**
R2(config-if)#**ppp multilink**
R2(config-if)#**ppp multilink group 1**

R2(config)#**interface Multilink 1**
R2(config-if)#**ip address 192.168.1.2 255.255.255.0**

Verifying:

R1#**show interface Serial0/0/1**
R1#**show ip interface brief**
R1#**show ppp multilink**
R1#**debug ppp negotiation**

Configuring PPPoE

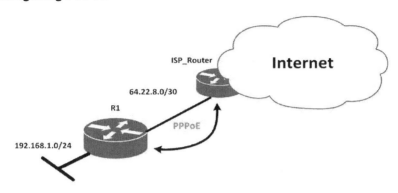

//creating a new Dialler interface and adding the necessary parameters for authenticating with the ISP

R1(config)#**interface Dialler 1**
R1(config-if)#**ip mtu 1492**
R1(config-if)#**ip address negotiated**
R1(config-if)#**encapsulation ppp**
R1(config-if)#**dialer pool 1**
R1(config-if)#**ppp authentication chap**
R1(config-if)#**ppp chap hostname** ID_ISP
R1(config-if)#**ppp chap password** $eCr3TP@S$

Verifying

R1#**show ip interface brief**
R1#**show pppoe session**
R1#**debug ppp negotiation**

GRE & VPN site-to-site Tunneling

In the following example we will configuring, at first, a GRE tunnel between the 2 Routers. In the second example we are going to configure a secured VPN tunnel between R1 & R2l.

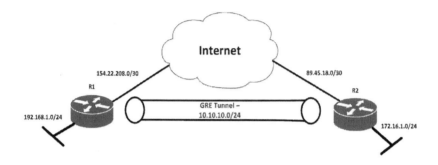

Configuring a GRE Tunnel

//creating an Tunnel interface and setting an IP address
R1(config)#**interface Tunnel1**
R1(config-if)# **ip address 10.10.10.1 255.255.255.0**

//setting the MTU and TCP MSS at lower values than the default due to the added GRE information in the packet
R1(config-if)# **ip mtu 1400**
R1(config-if)# **ip tcp adjust-mss 1360**

//setting the tunnel source (Router's Public IP)
R1(config-if)# **tunnel source 154.22.208.1**

//and the tunnel destination (the Router's Public IP with whom we want to form a tunnel)
R1(config-if)# **tunnel destination 89.45.18.1**

Example - R2's Config:

R2(config)#**interface Tunnel1**
R2(config-if)# **ip address 10.10.10.2 255.255.255.0**
R2(config-if)# **ip mtu 1400**
R2(config-if)# **ip tcp adjust-mss 1360**
R2(config-if)# **tunnel source 89.45.18.1**
R2(config-if)# **tunnel destination 154.22.208.1**

Verifying

R1#**show ip interface brief**
R1#**show ip interface Tunnel1**

Configuring an IPSec VPN (Site-to-Site) Tunnel

Now, we are going to configure a Site-to-Site VPN tunnel between the 2 Routers.

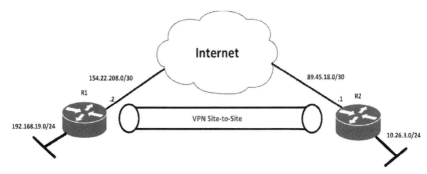

==**IKE Phase 1**==

//setting the cryptographic algorithms that will secure our VPN tunnel

R1(config)#**crypto isakmp policy** 10

R1(config-isakmp)#**encryption aes**

R1(config-isakmp)#**hash sha512**

R1(config-isakmp)#**authentication pre-share**

R1(config-isakmp)#**group 5**

//identifying the traffic that will be encrypted (aka. Interested traffic)
R1(config)#**ip access-list extended** VPN_ACL_R1
R1(config-ext-nacl)#**permit ip** 192.168.19.0 0.0.0.255 10.26.3.0 0.0.0.255

//setting the R2 as a peer Router for the VPN tunnel + adding a password (PSK)

R1(config)#**crypto isakmp key** VPNtunnelK3Y **address** 89.45.18.1 255.255.255.252

==**IKE Phase 2**==

//setting the cryptographic algorithms that will secure our traffic
R1(config)#**crypto ipsec transform-set** SET_NAME **esp-aes 256 esp-sha384-hmac**

//tunnel mode (encrypts the whole packet, including the IP address) regularly used
R1(cfg-crypto-trans)#**mode [tunnel | transport]**

//applies all the config under a crypto map
R1(config)#**crypto map** MAP_NAME **10 ipsec-isakmp**
R1(config-crypto-map)#**match address** VPN_ACL

R1(config-crypto-map)#**set peer** 89.45.18.1

R1(config-crypto-map)#**set transform-set** *SET_NAME*

//applying the crypto map on the interface
R1(config)#**interface** Gi0/0R1(config-if)#**crypto map** MAP_NAME

Example - R2's Config:

==IKE Phase 1==

R2(config)#**crypto isakmp policy** 10

R2(config-isakmp)#**encryption aes**R2(config-isakmp)#**hash sha512**R2(config-isakmp)#**authenti-cation pre-share**R2(config-isakmp)#**group 5**

R2(config)#**ip access-list extended** VPN_ACL_R2
R2(config-ext-nacl)#**permit ip** 10.26.3.0 0.0.0.255 192.168.19.0 0.0.0.255

R1(config)#**crypto isakmp key** VPNtunnelK3Y **address** 154.22.208.2 255.255.255.252

==IKE Phase 2==

R1(config)#**crypto ipsec transform-set** VPN_SEC_TRANSF **esp-aes 256 esp-sha384-hmac**

R1(cfg-crypto-trans)#**mode tunnel**

R1(config)#**crypto map** CRT_MAP_VPN **10 ipsec-isakmp**

R1(config-crypto-map)#**match address** VPN_ACL_R2

R1(config-crypto-map)#**set peer** 154.22.208.2

R1(config-crypto-map)#**set transform-set** VPN_SEC_TRANSF

//applying the crypto map on the interface
R1(config)#**interface** Gi0/1R1(config-if)#**crypto map** CRT_MAP_VPN

Verifying:

R1#**show crypto ipsec sa**

R1#**show crypto isakmp sa**

R1#**debug crypto [isakmp | ipsec]**

Configuring eBGP

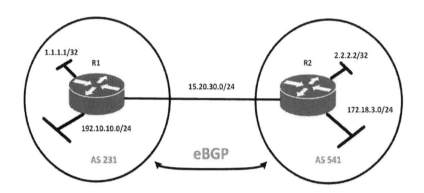

//creating a BGP process for AS 231
R(config)#**router bgp** AS

//setting a static neighbor relationship with another BGP Router (eBGP or iBGP)
R(config-rtr)#**neighbor** X.Y.Z.W **remote-as** Neighbor_AS
R(config-rtr)#**network** Network_address **mask** 255.255.255.0
R(config-rtr)#**neighbor** X.Y.Z.W **ebgp-multihop 5**
R(config-rtr)#**neighbor** X.Y.Z.W **update-source** Loopback 1

Example Config:

//the traffic source will be the loopback interface due to the availability of it
R1(config)#**interface** Loopback 1
R1(config-if)#**ip address** 1.1.1.1 255.255.255.255

//we're assuring the connectivity with a static route to the neighbor's Loopback address
R1(config)#**ip route** 2.2.2.2 255.255.255.255 15.20.30.10

R1(config)#**router bgp** 231
R1(config-rtr)#**neighbor** 2.2.2.2 **remote-as** 541
R1(config-rtr)#**neighbor** 2.2.2.2 **ebgp-multihop 5**
R1(config-rtr)#**neighbor** 2.2.2.2 **update-source** Loopback 1
R1(config-rtr)#**network** 192.10.10.0 **mask** 255.255.255.0

R2(config)#**interface** Loopback 1
R2(config-if)#**ip address** 2.2.2.2 255.255.255.255

R2(config)#**ip route** 1.1.1.1 255.255.255.255 15.20.30.5

R2(config)#**router bgp** 541
R2(config-rtr)#**neighbor** 1.1.1.1 **remote-as** 231
R2(config-rtr)#**neighbor** 1.1.1.1 **ebgp-multihop 5**
R2(config-rtr)#**neighbor** 1.1.1.1 **update-source** Loopback 1
R2(config-rtr)#**network** 172.18.3.0 **mask** 255.255.255.0

Verifying:

R1#**show ip route**
R1#**show ip bgp**
R1#**show ip bgp summary**

41

Configuring ACL on IPv6

//configuring an ACL on IPv6, similar with the IPv4 ACL config

R2(config)#**ipv6 access-list** IPv6_ACL_NAME

R2(config-ipv6-acl)#**permit tcp** 2020:AABC:1::/48 **any eq 80**

R2(config-ipv6-acl)#**deny udp host** 2020:AABC:1::9 **eq 53 any**

R2(config-ipv6-acl)#**deny ipv6 any any**

R2(config)#**interface** Gig0/1

R2(config-if)#**ipv6 traffic-filter** IPv6_ACL_NAME **[in | out]**

For the VTY lines

R1(config)#**line vty 0 15**

R1(config-line)#**ipv6 access-class** ACL_NAME_SSH_TELNET **in**

Verifying

R1#**show ipv6 access-list**

R1#**show run | section ipv6 access-list**

Configuring SNMP

R1(config)# **access-list standard** 1 permit 192.168.1.10

//configures the necessary parameters for implementing SNMPv3
R1(config)#**snmp-server view** VIEW_NAME oid-tree {**included** | **excluded**}
R1(config)#**snmp-server group** GROUP_NAME **v3 priv read** NUME_VIEW **access** 1
R1(config)#**snmp-server user** USERNAME GROUP_NAME **v3 auth** {**md5** | **sha**} **auth-password**
priv   {**des** | **3des** | **aes** {**128** | **192** | **256**}} privpassword

Configuring SPAN (Switchport Analyzer)

//replicating traffic from the Gi0/1 interface to the Gi0/5 interface to be captured via Wireshark
SW1(config)#**monitor session 1 source interface GigabitEthernet0/1**
SW1(config)#**monitor session 1 destination interface GigabitEthernet0/5**

Verifying

SW1#**show monitor**

Configuring IP SLA

//configuring an IP SLA
R1(config)#**ip sla** 1

//this SLA will send at every 30 seconds an ICMP echo to the IP address
R1(config-ip-sla)#**icmp-echo** 192.168.1.5
R1(config-ip-sla-echo)#**frequency** 30

R1(config)#**ip sla schedule** 1 **start-time now lifetime**

Verifying

R1#**show ip sla configuration**
R1#**show ip sla statistics**

Practice

Now it's time to put theory into practice. In this lab we are going to implement the concepts discussed above. Please follow the requirements below and configure the devices accordingly.

PURPOSE: Accommodation with the CLI. Basic configurations on Cisco Routers and Switches. Ensuring end-to-end connectivity

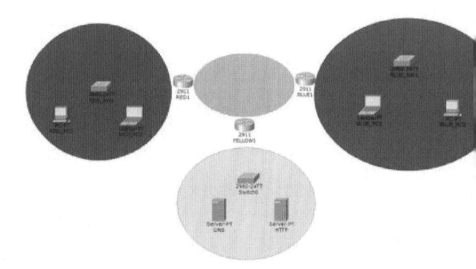

Lab Requirements

0) **Wire the equipment properly (pay attention to the types of cables needed)**

1) Set IP addresses on Routers, Switches, and PCs

- RED: 10.16.22.0/24
- GREEN: 89.12.0.0/24 (subnet this network into smaller ones of sizes no larger than 2 usable addresses)
- BLUE: 192.168.0.64/27
- YELLOW: 172.30.33.128/25

Assign the first IP address of the network to the Routers, the following available IP addresses to the PCs and the last IP address to the Switches.

2.1) Set the Hostname and enable password

2.2) Set the following Banners on the Routers:

("ONLY AUTHORIZED ACCESS")

3.1) Configure Telnet on RED1, RED_SW1, BLUE_SW1

- Use the password: secretP@$$

3.2) Configure SSH on BLUE1 and YELLOW1

- Use any username or password you like

4) Ensure end-to-end connectivity between the networks (by using Static Routes)

5) Test the connectivity with the ping command, between:

- PCs within the same network (LAN - RED, BLUE)
- PCs & Routers
- PCs from opposite networks
- PCs and Servers (access their IP addresses from the built-in browser)

Preview of "Computer Networking"

This section is for you, the reader to have a preview of one of my other books.
Click here to check the rest of the "**Computer Networking:** Beginner's guide for Mastering Computer Networking and the OSI Model

TCP

TCP comes from **T**ransmission **C**ontrol **P**rotocol and it does exactly what it says: ensures the transmission control of every single packet within a communication channel.
It can be found (together with UDP) at the 4th layer of the OSI model, the Transport layer. As a PDU (Protocol Data Unit), **TCP uses segments** (it brakes the data into segments).

TCP is a protocol that's being used (by us and everyone else in the Internet) all the time (without being aware of it). That's because it does a great job in keeping this seamless. For example, when we download a file from the Internet, or access a web page or **connect in any way to a network device**, we use the TCP protocol.

Now comes the question: **Why? Why do we need it?** Because TCP allows us to communicate by sharing the exact data (ex: web page) that the server or the client has. So when we download a file (through FTP), TCP will ensure that **each segment** composing the file (that's located on the server) will be received and in case of missing segments, to be retransmitted.

So here are some of the features and benefits of the TCP protocol:
* **Retransmission** of data (in case it's being "lost on the road")
* **Packet reordering** (it can arrive in various forms at the destination and requires to be ordered)
* **Establishes a connection** between the client and the server (3-way handshake)

TCP achieves the elements mentioned above by using the following message types:
* **SYN, ACK, FIN**
* **PSH, RST, URG**

We'll talk more about them in the following sections. Now let's move on to the next page and see how TCP works.

In figure 6.1 you can see the **header structure of TCP:**

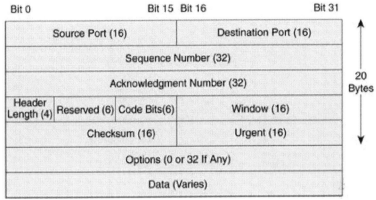

Bit 0		Bit 15	Bit 16		Bit 31	
Source Port (16)			Destination Port (16)			
Sequence Number (32)						
Acknowledgment Number (32)						20 Bytes
Header Length (4)	Reserved (6)	Code Bits(6)	Window (16)			
Checksum (16)			Urgent (16)			
Options (0 or 32 If Any)						
Data (Varies)						

Figure 6.1

And in figure 6.2 you can see it in a **Wireshark capture:**

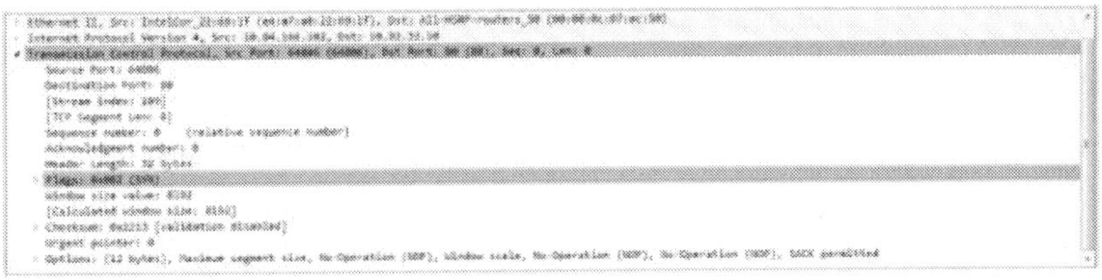

Figure 6.2

Having all of these fields in the protocol header, TCP can provide us with:

- Data reordering
- Data retransmission in case of packet loss, using **sequence numbers.**
- Reliable applications

Each packet (or packet group) has a **sequence number** associated with it. If the recipient receives a certain number of packets (defined by the sequence number), then it will send back an acknowledgment message (ACK) for those (received) packets:

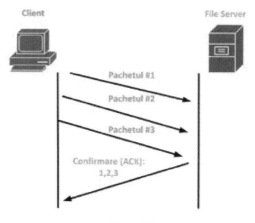

Figure 6.3

Thus, it's easy for the recipient to figure out what packets have reached and what packets need to be retransmitted. If the source (client) does not receive an ACK for any packets, then it will retransmit those packets. At first, when two devices want to communicate via a client-to-server connection, a **3-Way Handshake** session must be established.

Thanks for reading, don't forget to **review this book** and **Click here** to check the rest of the "**Computer Networking:** Beginner's guide for Mastering Computer Networking and the OSI Model

Made in the USA
Middletown, DE
04 February 2023

24059075R00029